Esta es una bruja. Es Berta.
Berta es mi abuela.

Ella vive en una casa muy vieja.

Esta es la semana de Berta. Ella siempre está ocupada.
- Bueno, ¿qué haces, Berta?

- El lunes como un helado.

- El martes voy a la discoteca. Me gusta bailar. Es divertido.

- El miércoles voy de compras.

- El jueves hago un pastel. ¡Qué desastre!

- El viernes leo un libro y tomo una limonada violeta.

- El sábado juego al rugby. Me gusta mucho el rugby.

- El domingo duermo. Estoy muy cansada.

El domingo por la noche, cuando todo está oscuro y Berta está durmiendo…

el pequeño gato negro sale. ¡Adios!

Berta's Wordsearch

Accept the challenge. Photocopy the wordsearch, set yourself a time limit and see how many words you can find. Challenge your friends!

J	M	I	E	R	C	O	L	E	S
O	U	S	E	M	A	N	A	U	E
J	M	E	E	S	T	O	Y	Q	T
U	L	O	G	N	I	M	O	D	R
E	I	E	T	O	D	A	V	I	A
V	B	L	V	D	H	G	T	R	M
E	R	U	X	A	T	A	O	A	G
S	O	N	C	B	O	T	H	L	U
M	H	E	L	A	D	O	C	I	S
I	S	S	Y	S	O	Z	U	A	T
O	M	O	C	A	R	A	M	B	A

Unjumble the red letters in the square to find the mystery word.

Answers on page 18

Find: Ignore the accents.

tomo	caramba	sábado	jueves
estoy	gusta	voy	mucho
gato	libro	domingo	qué
como	bailar	martes	mi
todo	lunes	semana	
miércoles	todavia	haces	
juego	helado	leo	**Score:** /25

14

Berta's Challenge

Now you have read the story, can you complete the crossword below using words from the book.
Answers can be found on page 19.

Across:
2. Small
3. A lot
5. Ice cream
8. All
9. Is
10. I read
12. I eat
13. Monday
14. Thursday
15. Book

Down:
1. His/her
2. During the night
3. My
4. Tuesday
5. I make
6. I sleep
7. Sunday
11. The

Juego de la Semana

Go through the days of the week and say what you do by simply adding the verb.

El lunes juego.

The next person does that day and adds the next day. The next person continues.

El lunes juego. El martes como.

Work your way through the week until somebody forgets something. The winner is the person who remembers the longest string of days and actions. You can make it more challenging by adding different nouns to the verbs.

El lunes juego al fútbol. El martes como un bocadillo.

It can get very long.

El lunes juego al fútbol y al tenis. El martes como un bocadillo y un pastel. El miércoles…..

What the Words Mean

a – to
¡Adios! – Good-bye!
bailar – to dance
un bocadillo – a sandwich
¡Bravo! – Well done!
una bruja – a witch
bueno – well then
cansada – tired
una casa – a house
como – I eat
de compras – shopping
cuando – when
de – of
la discoteca – the discotheque
divertido – fun/amusing
domingo – Sunday
duermo – I sleep
durmiendo - sleeping
el – the/on(with day)
ella – she
en – in
es – is
esta – this
está – is
estoy – I am
al fútbol – football
el gato – the cat
haces – you do
hago – I make

la harina – flour
un helado – an ice cream
juego – I play
jueves – Thursday
la – the
leo – I read
un libro – a book
una limonada – a lemonade
lunes – Monday
martes – Tuesday
me gusta – I like
mi – my
miércoles – Wednesday
misterios – mysteries
mucho – a lot
muy – very
negro – black
la noche – the night
ocupada – busy
oscuro – dark
un pastel – a cake
pequeño – small
por la noche – during the night
qué – what
¡Qué desastre! – What a disaster!
sábado – Saturday
sale – goes out
la semana – the week
siempre – always

al tenis – tennis
todo – all
tomo – I take/have(with drink)
una – a
vieja – old
viernes – Friday
violeta – violet
vive – lives
voy – I go
y – and

Wordsearch Answers

J	M	I	E	R	C	O	L	E	S
O	U	S	E	M	A	N	A	U	E
J	M	E	E	S	T	O	Y	Q	T
U	L	O	G	N	I	M	O	D	R
E	I	E	T	O	D	A	V	I	A
V	B	L	V	D	H	G	T	R	M
E	R	U	X	A	T	A	O	A	G
S	O	N	C	B	O	T	H	L	U
M	H	E	L	A	D	O	C	I	S
I	S	S	Y	S	O	Z	U	A	T
O	M	O	C	A	R	A	M	B	A

The letters in red spell **viernes**